ヨチヨチ父

―とまどう日々―

ヨシタケシンスケ

『最初の願い』

「父として最初に我が子に望むこと」。それは

「早く首がすわってほしい」です。

01 正直な感想

1.「出産する妻」にドン引きし、

2.「生まれたての赤ちゃん」にショックをうけ、

3. いろんなことを思ってしまうけれど、

みなさんに気をつかって口には出しません。

4. 父になって最初の仕事は

「正直な感想を胸の奥にしまう」
ことではないでしょうか。

02 ヨチヨチ父誕生

1. 新人パパの儀式 その1 「パパダンス」

2.「首がすわっていない我が子の抱き上げ方がわからず、ベッドの前で様々なポーズをとる様」。

03 パパダンス

04 便利な言葉

2. ごく稀にビジュアル的には
どうやってもかなわない子って
いますよね。

3.

「愛嬌」。美しくて便利な言葉です。

05 大人の世界

1. 大人になって、パパになって、一番びっくりするのは
「身近な人々の事情が、想像以上にバラバラだ」ということですよね。

2. 人の数だけ「普通」があり、「現実」が
あり、「かなわなかった希望」がある。
そして、その人にしかわからない「気付き」や
「よろこび」も。

3. そんな人々がお互いに気をつかいながら、共通点を探しながら、それでも楽しくやっていこうとする。大人ってえらいなあ、すごいなあ、といつも思います。

06 問われるセンス

1.「赤ちゃんができた」の報告は緊張するものですが.

2.「赤ちゃんの名前を発表する」のも緊張しますよね。

3. 赤ちゃんの性別、容姿は選びようが
ありませんが、赤ちゃんの名前は「親のセンス」
そのものだからです。

…いいんじゃない?

相手のリアクションが中途半端だと
心はかき乱されます。

4. で、自分たちが気に入ってる名前に限って
親族から「ご意見」が出たりします。

姓名判断したん
やけどな。字画が
最悪やで。

07 父になる訓練

1. 子どもの頃、学生の頃は何をしてもほめてもらえたのに

2. 社会人になると仕事は「できてあたりまえ」「ほめられなくてあたりまえ」ですね。

がんばったのに…

ちょっとさみしい大人の階段です。

3. でも今思えば それは
「父になるための訓練」
だったのですね。

「慣れてくれば楽しみ方もわかってくる」。
仕事も父も同じです。

1.「本当は男のコがほしかった」、
「できれば女のコがほしかった」。
希望とは違う結果に少なからず
ガッカリしちゃう気持ち、よくわかります。

08 ちっぽけな希望

2. でも、育て始めると
「これはこれでいいもんだネ」と
コロッとポジティブな気持ちになれる。

赤ちゃんの「自分を認めさせる力」って
すごいもんです。

3. それに、この先わが子がひきおこす
たくさんの「想定外」にくらべれば、

「親の希望の性別」なんてちっぽけなもん
なんですね。

1. 赤ちゃんができてよかったことのひとつに「嫁の実家での居場所」があります。

結婚直後はお互いギクシャクしますが．

09 頼もしいわが子

3.「妻を気づかうやさしい夫」のフリをして

行っといで 行っといで．

お義父さん達に「仕事してる感」をアピールしたいだけなのです。

2.「孫」を連れての里帰りは

自分がみんなの目に入っていない気楽さ！これに尽きます。

基本的に「感謝」されますし、話題に困ることもありません。

4. 嫁の実家での我が子は、いつも以上に頼もしく、愛おしく感じるのでした。

キミのおかげでパパは居場所があるんだョ！

⑩ 荷物問題

1. パパがびっくりすることのひとつに「赤ちゃんとお出かけする時の荷物の多さ」があります。

『大きな衣(ころも)』

「赤ちゃん」って、ムチムチした
イメージがあるから、

なりたてパパは
新生児のヒョロッとした体に
ドキドキします。

⑪ 赤ちゃんのにおい

1. 赤ちゃんと暮らすことでわかる
「いいこと」のひとつに、
「赤ちゃん、ていいにおいがする」
があります。

2. 写真や体験談では決して
わからないこの「なんともいえない
赤ちゃん特有のいいにおい」。

育児における数少ない
「ごほうび」として、
今のうちに
たっぷり吸って
おきましょう。

3. しかし残念ながら、
どんなにたくさんいいにおいを
吸っても、毎日お仕事を
がんばるパパのマクラは、
どんどんいいにおいじゃ
なくなっていくのです。

最近
オヤジ臭いん
だけど。

⑫ パパとパパの距離

1. お母さん同士ってすぐに知りあいになれますね。

いろんなものを比較しつつ、どんな時でも育児に関する情報集収、情報交換に余念がありません。

13 それ以外

3.「ママじゃない何か」代表としての
パパって、赤ちゃんにとってさぞかし
フシギなものとして目に映っているのだと
思います。

4. 赤ちゃんが最初のうち言葉をしゃべらないのは
「パパを傷付けないための本能」
なのかもしれません。

あ！笑った?!
パパが
わかるの?!

ママじゃ
ないのが
また来た…

⑭ イチャイチャしたい

2. 頭ごなしに否定され、パパのさみしい夜は続きます。

「今日は疲れてるの。また今度ね♡」この一言があるだけで、どんなにパパは救われるでしょう。

3. 円満な家庭のためにママが「上手な拒み方のレパートリーを増やす」ことは、けっこう大事なのかもしれません。

じー

…めんどくせー。

1.「相手を否定する言動は絶対ダメ。
自由にならない相手のストレスを理解し、
どんな内容でも、まず一度まるごと受けとめ、
耳を傾け、時間をおいて別の提案を
もちかける」。

「相手を尊重し、いい関係を築き、
それを持続させる」ための方法は、
どの局面でも共通のようです。

⑮ 育児＝!?

2.
まさに新人パパのためにあるような言葉ですが、

3.
冒頭の言葉は、老人介護の本に書いてあったものです。

16 ねがえりの流儀

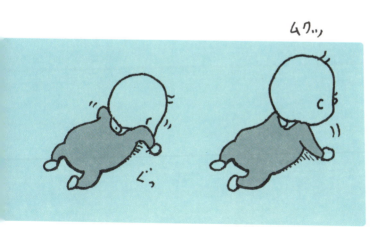

⑰ みんなのもの

1.「育児は？仕事は？将来は？」子どもができると、心配事は尽きませんよね。

…ボクで大丈夫なの？

2. 昔、お義兄さんに

いっぱい子ども作ったらええやんか。

おまえら死んだら育てたるわ。

と冗談半分に言われ、

18 旅は続く

3. 楽しいハズのお出かけが、途中から「オムツを探し求める旅」になってたりします。

4. 2〜3歳までの育児とは、「オムツのことばっかり考えてる数年間」と言っても過言ではありません。

2. この時期はさらに、ママとの
意志の疎通も難しくなったりします。

3. 実は大部分のパパにとって、子育てがおもしろいと
感じられるのは、「赤ちゃんが言葉をしゃべれるように
なってから」なのです。

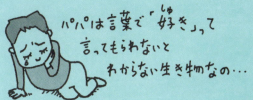

なので、最初の1〜2年は、
パパはモヤモヤしててください。

『パパのピンチ』

パパは、
赤ちゃんをさわりにくる
見ず知らずのオバチャンに
どう対応していいか
わかりません。

⓴ 女性は強い

1. 子育てをしていると、「子どもが関係する痛ましいニュース」に敏感になりますね。

2. なるべく遠い場所のできごとであってほしい、とつい願ってしまいます。

そういう情報を「意識的に避けていきたいパパ」と、

1. 友だちにすごくすすめられて買ってみたけど
ウチのコにはゼンゼンききめが無かったり.

2.「イチオシ商品」だったから買ったけど
ママ的にはイマイチ使いにくかったり。

㉑ プライスレス

3. 結局アレコレ買うハメになり、
結果的にムダ使いの多い時期ですね。

4.「赤ちゃんの安らかな寝顔と
ママの笑顔」。

それ自体はお金で買えるものではありませんが、
お金無しで手に入るものでもないんですね…

22 気持ちの変化

1.「子どもができて、よかったですか?」

昔、先輩パパに聞いてみたことがあります。

2. その人はしばらく考えて言いました。

「いいこともわるいこともいっぱいあるけど、いいことの方が多いね。」

3. 一歳になる息子がとにかく夜寝なくて、睡眠不足で夫婦でボロボロになっていた当時の私は

「いいことの方が多いのか…うらやましい…」と思ったものです。

4. 子どもはどんどん大きくなり、どんどん変わっていきますが、「パパとしてのきもち」も、どんどん変わっていきます。

息子もずいぶん大きくなった今、あの先輩と同じきもちになれたことに、どこかホッとしています。

㉓ にわかファン

1. 真のスポーツファンは、好きな選手をデビューからずっと見守り続け、苦楽を共にすることでその「勝利」をかみしめる訳ですが、

2. 後からやってきて知ったふうなことを言う「にわかファン」に対して、複雑な思いがありますよね。

㉔ 何より大事なこと

2.「赤ちゃんが夜、まとまった時間寝てくれるかどうか」。この一点にかかっています。

4. そんな時は、あらゆることを犠牲にしてでも睡眠時間を確保してください。

部屋のそうじや身なりをととのえる作業は、「夜、ちゃんと寝てくれる赤ちゃんのママとパパ」がすることです。

1. 父として、大人として、わが子に教えて
   あげたいことって何だろう。ト考えます。

2.「自分がしてきたたくさんの失敗」を伝えれば
   いいのかもしれません。そして、「どんな失敗も
   どうにかなる」ということも。

25 教育方針

3. 結果的に「尊敬も軽蔑もバランスよく してもらえる大人」がいいような気がします。

4. そして、「誰にでも得意、不得意がある。 だから世の中はつらいことも、おもしろい ことも起きるのだ」と気付いてもらえ たら、それで充分じゃないでしょうか。

26 スクラップ・アンド・ビルド

1. 「家庭は安らぎの場所。疲れを癒し、自分自身をとりもどす場所」。パパ達はどこかでそんな幻想を抱いています。

2. だからこそ、赤ちゃんができるとその「安らげない感」にとまどい、迷い、考えてしまうのです。「こんなハズだったっけ?」と。

3. 育児とは、そんなパパ達の幻想が一度バラバラにされて、「コレはコレでアリなのかも」に、ちょっとづつ組み立て直されていく過程のことなのかもしれません。

4.「バタバタしすぎて、もう逆に笑えてくる」ようになったら、しめたものです。

1. 赤ちゃんの顔って、やっぱりかわいいですよね。
絶大な「許される力」を持っています。

㉗ 許される力

3.「赤ちゃんだった頃の写真を全員首から下げないといけない日」を作ったら、その日はみんなちょっとだけやさしい気持ちになれるんじゃないでしょうか。

2.「自分も含め、どんな人も最初はこんなに無垢で無力な赤ちゃんだったんだな…」。改めてフシギな感じがします。

1. 初めて自分の赤ちゃんを見た日.
「…これって、何だろう…」と感じる人、
いると思います。

善とか悪とか
得とか損とか.
今までの人生の中でのどんな
価値観にもあてはまらないからです。

「言葉や論理では表現できないし、
おそらくする必要もないもの」です。

『ポテンシャル』

赤ちゃんの顔って、毎日コロコロ変わりますよね。

…アレ？今日はあんまりかわいくなくない？

…ちょっと！しっかりして！

あなたの実力はこんなもんじゃないハズよ!!

㉙ 相性問題

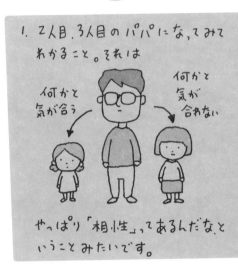

1. パパになってタイヘンになることの ひとつ。それは

「体調が悪くても誰にも言えない」ことです。

2. だってカゼをひいたことがバレようものなら

蔑(さげす)まれ、隔離されるからです。

30 ファンタジー

㉛ 同じでありたい

1.「ウチのコこのままで大丈夫?!」
「私、まちがってる?!」育児は悩みが尽きません。

2. そんな時、どんなアドバイスや知識よりも
ママとパパを救ってくれるもの。それは

「ウチもそうだよ!」

の一言ですよね。

3. 若い頃、あんなに「人と同じこと」を嫌っていた私たちなのに

こんなに「同じでありたい」と願うことになるなんて。

4.「みんなと同じであってほしい」
「その上で、どこか優れていてほしい」。
自分のことを棚に上げて、勝手なもんです。

でも、親なんて、みんなそうですよね…

32 怖くて聞けない

2. そしてある日、パパは考えます。
自分は「パパ」になって、何が変わったのだろうか、と。

ママをガッカリさせていることも
いろいろあるんだろうな…と。

3.
…このパン
甘くて
おいしいね…

でも、そんなこと怖くて聞けない
のも、またパパなのです。

33 背中

1. 騒ぎだした赤ちゃんを、あわてて お店のソトにつれだすパパやママ。

「ザ・子育て中!」な ワンシーンです。

2.「赤ちゃんの正体」をすでに知っている 先パイ パパ ママには、それはもはや ほほえましいシーンですらあります。

34 卒業の儀式

1. ベビーカーに赤ちゃんをのせて買いものに行って、

2. 買ったものをベビーカーの手すりに下げて、

35 そんなヒマはない

36 ゲ◯デビュー

3.「外出先でぜーんぶもどしちゃう事件」。
　誰しも通る道です。

4. 赤ちゃんとの日々は、写真に残らない(残せない)
　できごともたくさんありますよね。

『つかまる場所』

ハーイ オムツはいてー。

37 ベストショット

1. 仕事が忙しく、ヘトヘトになって
家に帰るパパ。

ドアを開ける瞬間、「あ…こんな
日はもしかして…」と胸さわぎ。

3. 残った力をふりしぼり、一生懸命
ママの話に相づちをうつパパ。

相づちがちょっとでも遅れると、
今の100倍めんどくさいことになるからです。

1. 例えば外でお食事の時、
たいていこんな感じに座りますよね。

38 視界

3. そしてパパの視界。

2つのことがわかります。
① パパは誰にも見られていない
② パパはたいてい「ママと赤ちゃん」を
　セットで見ている

2. 彼らが何を見ているかというと…

赤ちゃんの視界

ママの視界

4. つまり、ママの視界に「パパと赤ちゃん」がセットで入ると、ママにとってのパパの「イクメン感」、「家族の一員感」がアップするのではないでしょうか。

パパは、なるべく「ママの視界に入り込む立ち位置」をこころがけましょう。

39 息詰まるミッション

1. 我が子のツメ切りって、キンチョーしますよね。

2.「このコのためだけど、傷つけてしまったらどうしよう」。子育てのいろいろなジレンマが、この行為に凝縮されています。

1.「どっちに似てるか問題」。
どうしてもついてまわります。

㊵ 似てる？似てない？

2. 容姿にしろ性格にしろ、「いい部分」はともかく、それ以外まで「○○譲り」としてしまうのはトラブルのもとですね。

4.「ママにそっくり！」と言われた時のパパの一抹のさみしさ。（逆もしかり）

なかなかにデリケートな話です。

㊵ 赤ちゃん師匠

世の中は思い通りにはいかない。
だから自分なりに工夫してどうにか楽しんでいかないとつらいばかりだ。

そのことを、私の世話を通じて学んでもらいたい。

42 育児の報酬

1. 我が子相手に、本気でイラッとさせられることの多い毎日。

2. しかし、ソファーなんかで寝ちゃった我が子を抱き上げた時に、

1. めまぐるしく変化する育児の日々。
パパは大変です。
でも、どんなにつらくても忘れては
いけないことがあります。

2. それは「ママの方が大変」ということ。
ママにもお仕事があれば なおさらです。

㊸ パパの役目

3. 手段はどうあれ、ママを笑わせることが
パパの役目のすべてといっても過言では
ありません。

4.「オレがコイツと結婚したのは、
コイツの笑顔が見たいからだ!」。

もう一度思い出してください。
もしくはそう思い込んでください。

㊹ 人生のピーク

1. わが子の発育ペースがほかの子とくらべて ゆっくりだと、やっぱりちょっとあせりますよね。

2. ヨシタケ家の家訓には「人生のピークは遅いちがいい」というものがあります。

3. 私の周りの「元・神童」たちが、皆その後パッとしないことと、私自身の経験から、「ゆっくりとした右肩上がり」が一番幸せなんじゃないか、と思うからです。

4. ゆっくりと人のあとを追いかける人生。その目線から身に付けるやさしさやしなやかさって、いい人生を送る上でとても有利に働くハズなのです。

1.「無事に生まれてきたとき、どれだけホッとしたか」。「はじめて寝返りをうったとき、どれだけうれしかったか」。

㊺ ありがたみ

2. うれしいことはたくさんあるのに、苦労話のカゲにかくれてついつい忘れてしまいがちです。

『赤ちゃん名場面』

だき上げた時に

ピコピコする足。

1. パパとママ、我が子への教育方針が
くいちがうこと、ありますよね。

3. それではちょっとご本人に聞いてみましょう。

「パパもママも大好きだけど、
ボクはどちらの希望通りにも
ならないよ」。

「ボクはボクにしか
ならないから」。

46 ボクはボク

2.「このコの幸せのため」というゴールは一緒なのに、ついつい「自分がどうしたいか」が前面に出てしまいます。

4.「『教育として何が正しいか』は諸説あるけど」、

「パパとママがケンカしてる険悪なムードが教育にいいわけないよね？」。

47 親になる

1. 子どもができて、はたして自分は強くなったのか、弱くなったのか。むずかしい問題です。

2. 守るべきものを守るために、「強さ」を手に入れたのか。

…やってやる!!

3. それとも 守るべきものを持つことで
弱点が 増え、臆病になったのか。

4. たぶん、親になるということは、「強さ」や
「弱さ」では はかることのできない
「新しい何か」を手に入れること、なんでしょうね。

48 だまされた！

1.「かわいい我が子の寝顔を見ると、疲れもすべてふっとぶ」なんて言いますが。

2. アレは**ウソ**です。実際はせいぜい「ちょっと軽減された気がする」程度です。

49 動機

1.「ねむいとグズる」。それが子供です。

2.「ねむたいんだったらとっととねればいいのに」。世界中のパパとママの願いは、今日も届くことはありません。

50 夫婦の意気込み

1. だだをこねてしかられているヨソの子を見ると、「アラアラ、かわいそうに…」って思うけど.

2. 我が子が同じことをしてたら、やっぱりイラッとしてしかっちゃいますよね。

51 距離

3.「ヨソの子」として見られたら、もっと冷静に対応できるハズなのに。

家族だからこそ、「近すぎて」できないこと、許せないこと、ってすごくたくさんあります。

4. せめて物理的に「家族をできるだけ遠くから離れて見てみる日」。

やってみてもいいかもしれません。

1. 子育てにおける「お父さん」という存在の、あの、何とも言えない脇役感。サポート役感。

2. いつも微妙に報われない感じって、何なんでしょうね。

52 脇役感

3. 父になるということは、父にしかわからない、父特有の「しあわせだからこそのさみしさ」をかかえていくこと、なのかもしれません。

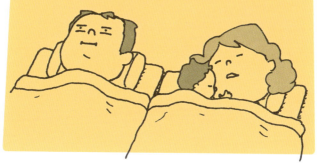

4. しかも、父は皆、シャイなので、その「さみしさ」を共感しあう術も持ちあわせていないのです。

53 父の成長

1. 例えば、自分のお父さんとあまり仲が
よくない人は、自分の子が男の子だと
わかった日に、ちょっとガッカリするかもしれません。

2.「父を憎んでいる息子」として、今度は自分が
「息子に憎まれる父」になるのでは、と
イメージしてしまうからです。

54 思い出すきっかけ

5. 人間の記憶はどんどん上書きされて
しまうので、最終的な感情がその人の
イメージと重なってしまいますが、

6. 子供は「無条件で親を頼って、好きでいて
くれる時期」があるのです。

3. しかし、いざ生まれてくると、その子は必ず
   お父さんを慕ってくれます。

4. そして思い出すハズなのです。「ボクも昔
   お父さんのこと大好きだった」と。

7. 子育ては発見の連続ですが、
   「子育てしなければ思い出せなかった感情」
   なんてのも あるんですね。

8. まあ、将来的には憎まれる可能性も
   たっぷりあるので、今のうちにたくさん好かれ
   ておかなきゃ、ですよね。

今の気持ちを、
お互いいつか
忘れちゃうのか…

55 ヨチヨチ父

1. 「父としての完成」ってあるんでしょうか。

はじめての
小学生の父

はじめての
反抗される父

2. 考えてみれば、この先ずーっと初めての
ことしか起きない訳で、常に「とまどい」と共に
あるのです。

はじめての
子ばなれの父

はじめての孫
(ヨチヨチジージ)

3. きっと父としては いつまでたっても
   ヨチヨチしたままなのでしょうね。

4.「ヨチヨチしながらでしか見えないもの」を
   楽しむのが、きっと大人であり、パパなのです。

『意思表明』

お父さま、お母さま。日々、
世話をして、育てていただいて
いることへの感謝の言葉、
用意ができ次第、お伝えしますので
もう少々お待ちくださいませ。

あと30年くらいかナ。

この本は、「パパ目線の初めての育児」というテーマで
『月刊 赤ちゃんとママ』誌に連載していたイラストエッセイに、
描きおろしを加えてまとめたものです。

上の子が生まれてすぐ、実は育児モノの連載を
打診してくださった方が別にいたのですが、
私にとって初めての育児は大変すぎて、
体力的にも心理的にも描くことができませんでした。
育児がちょっとひと段落ついて、心の整理がされてきて、
やっと今回、育児モノの連載を描くことができました。
子育てが一番大変な時に、子育てについて考える余裕なんてないのです。

「喉元すぎれば熱さ忘れる」と言いますが、育児雑誌の誌面で、
今まさに熱いものを飲み込もうとしている方々（なりたてパパとママ）に
向けて、何を言えばいいのだろう。
当時の自分は聞く耳を持てただろうか。
あの頃の自分は何を言われたら安心しただろうか。
結局今でもよくわかりません。

唯一できることは、「喉元すぎる時って、熱いよねー!!」と
共感を寄せることだけです。
だから、この本を読んで、「こんなに熱いとは思わなかった！」
「ウチはこんなもんじゃなかったよ！もう！」と
毒づいていただければ、
こんなに嬉しいことはありません。

先日、息子2人をつれておでかけしました。
アレコレ迷いながら 子どもらを楽しませる
目的地を模索していると、上の子(小4)が、

…ですって。

私は、そういう父親です。

ヨシタケシンスケ

新装版のあとがき

1. 最初の『ヨチヨチ父』が出た時、子どもたちは小4と5歳でしたが、新装版が出る現在、高3と中1に。どんどん大きくなりますね。

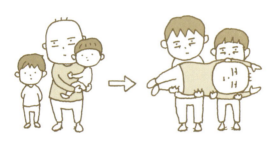

2. 上の子が生まれてすぐは、ホントーに夜、寝てくれないので、慢性的な寝不足でした。モウロウとした意識の中で「子どもをつくってよかったのだろうか」と考えてしまい、そんな自分に傷つく、という悪循環におちいり、

3. 下の子は下の子で、感情をすぐに爆発させてしまうタイプ。日々こちらも余裕がなく、終始イライラしていました。

4. 小さい子が家の中にいなくなって久しい現在、街で赤ちゃんを見かけると、もうかわいくてしかたありません。勝手なもんです。

ちょっとだっこさせて！と言いたくなります。

5. 乳幼児としての子育てが一段落つき、
改めて考えてみると、「小さい子供」は基本的に
世の中から歓迎され、祝福されていることが
わかるのですが。

6. やはりこちらがその渦中にいるときは、
下をむいている時間が多いこともあるので
しょう。ものごとを俯瞰する余裕がありません。
被害者意識も加害者意識も、バランスを
崩しがちです。

7. 巷にあふれる「何が起きても大丈夫！
何とかなる！」みたいなフレーズの具体性の
無さに、ついついイラッとしてしまう時期ですが、

8. でも、よく考えてみれば、この先にたとえ何が
起きたとしても、その「起きたこと」に対して
できることは限られているし、「それ」をすれば
いいだけの話だし、それで「大丈夫かどうか」は
自分で決めることができるんですよね。

「我が家の正解」

9. 最近よく思うのは、「しあわせかどうかは、今決める
　 必要はない」ということ。

日々バタバタしながら進むしかない毎日の中で、
どんどん決めていかなきゃいけないことは山ほど
あります。

10. でも、「今、自分はしあわせなのか」「この子は、
　　このパートナーは、私は、大丈夫なんだろうか」なんて
　　いう疑問に、答えを急ぐ必要はないのです。

その人間がその時にしあわせかどうかなんて、
5年10年たたないとわかんないからです。

大事なことほど、答えを保留にしておく勇気は
あった方がいいと思うのです。

11. あなたが今夜 考えないといけないのは、
「明日の朝9時からオムツを買えるのはどこなのか」で
あって、「今日のバスの中でどう思われていたのか」
「私の人生の選択は正しかったのかどうか」ではないのです。

12. 小さい子をイライラしながらも育てていた一人として、
今、まさに小さい子にむきあっているパパ、ママに言える
こと。それは「とにかく写真と動画を撮って!」と
いうことです。

13. お出かけ先はもちろんのこと、毎日のできるだけどうでもいい瞬間の記録をとっておくことを強くオススメします。

14. 泣いているところや怒っているところ、親子でケンカしているところなど、記録されていないシーンの多さに、数年後、必ずくやしがることになるからです。

後日、本人からも感謝されるはずです。

15. およそ8年前に自分で予想した通り、いまだに親としてどうしていいかわからない場面ばかりであいかわらずヨチヨチしている私です。

16. せめて、「できなさ」を共有しつつ、ヨチヨチ父、ヨチヨチ母同志で傷をなめ合っていこうではありませんか。

あなたが今晩、ちょっとでもグッスリ眠れますように！

ヨシタケシンスケ

ヨチヨチ父
― とまどう日々 ―

2025年1月23日 第1刷発行

著　ヨシタケシンスケ

発行者　加藤裕樹

編集　谷 綾子　小堀数馬

発行所　株式会社ポプラ社
〒141-8210
東京都品川区西五反田3-5-8 JR目黒MARCビル12階

一般書ホームページ　www.webasta.jp

ブックデザイン・彩色　関 善之 for VOLARE inc.

印刷・製本　中央精版印刷株式会社

©Shinsuke Yoshitake 2025 Printed in Japan
N.D.C.914/135P/19cm/ISBN978-4-591-18442-4

落丁・乱丁本はお取り替えいたします。
ホームページ（www.poplar.co.jp）のお問い合わせ一覧よりご連絡ください。
読者の皆様からのお便りをお待ちしております。
頂いたお便りは著者にお渡しいたします。

本書のコピー、スキャン、デジタル化等の無断複製は著作権法上での例外を除き禁じられています。
本書を代行業者等の第三者に依頼してスキャンやデジタル化することは、
たとえ個人や家庭内での利用であっても著作権法上認められておりません。
P8008486

本書は2017年に株式会社赤ちゃんとママ社より刊行された原稿に、新装版あとがきを加えて再編集したものです。